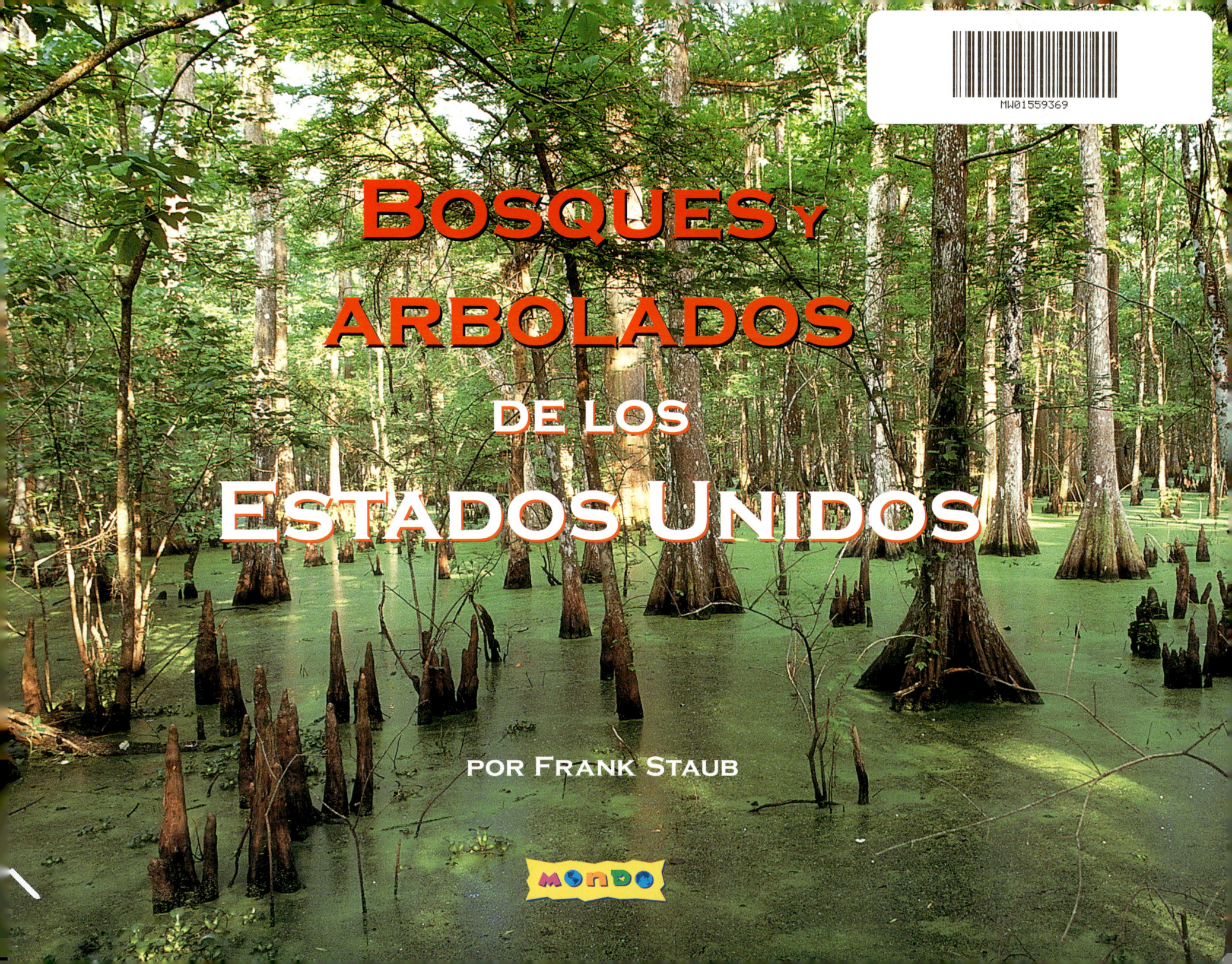

Bosques y Arbolados de los Estados Unidos

por Frank Staub

For Sally,
who helped me with this project in many ways—F.S.

Text copyright © 2007 by Frank Staub
Photographs copyright © 2007 by Frank Staub
under exclusive license to MONDO Publishing with
the exception of the following: pp. 36 and 38 (right)
© Jim Peaco, Yellowstone National Park

All rights reserved.
No part of this publication may be reproduced, except in the case of quotation for articles or reviews, or stored in any retrieval system, or transmitted in any form or by any means, electronic, mechanical, photocopying, recording, or otherwise, without written permission from the publisher.

For information contact:
MONDO Publishing
980 Avenue of the Americas
New York, NY 10018
Visit our website at www.mondopub.com

Printed in China
09 10 11 12 13 PB 9 8 7 6 5 4 3 2
10 11 12 13 14 SP 9 8 7 6 5 4 3 2 1
ISBN 1-59034-806-0 (PB)   ISBN 1-60175-752-2 (SP)

Designed by Annette Cyr

Library of Congress Cataloging-in-Publication Data

Staub, Frank J.
  America's forests and woodlands / written and photographed by Frank Staub.
     p. cm.
  Includes index.
  ISBN 1-59034-806-0 (pbk.)
  1. Forests and forestry–United States–Juvenile literature. 2. Forest ecology–United States–Juvenile literature. I. Title.
  SD143.S67 2006
  333.75'0973–dc22
                             2005011931

Special thanks to our consultant John W. Groninger, Associate Professor of Silviculture at Southern Illinois University in Carbondale. Thanks also to the following: Charles M. Ruffner, Associate Professor of Forestry at Southern Illinois University; the National Park Service; the United States Forest Service; Long Beach Aquarium of the Pacific; Northwest Trek Wildlife Park; the United States Bureau of Land Management; and the United States Fish and Wildlife Service.

CONTENIDO

INTRODUCCIÓN		4
CAPÍTULO UNO	Conoce los árboles	6
CAPÍTULO DOS	La gran ciudad de la naturaleza	10
CAPÍTULO TRES	Tierra de coníferas: bosques del oeste	16
CAPÍTULO CUATRO	Paraíso de árboles de hoja caduca: bosques del este	22
CAPÍTULO CINCO	Otros bosques, altos y bajos	28
CAPÍTULO SEIS	Con el paso del tiempo	32
CAPÍTULO SIETE	Cuando los bosques arden	36
CAPÍTULO OCHO	Árboles añosos y jóvenes	42
GLOSARIO		46
ÍNDICE		48

INTRODUCCIÓN

Todos los estados de los Estados Unidos y México y cada provincia de Canadá tienen algún tipo de bosque.

La variedad de bosques norteamericanos es asombrosa. Desde los bosques antiguos y con niebla del noroeste hasta los arbolados en zonas arenosas y secas al pie de las montañas Rocallosas y los bosques húmedos del tipo jungla del sur de Florida, América tiene una amplia variedad de entornos en donde los árboles son las plantas predominantes. Algunos bosques cubren áreas pequeñas: hay bosquecillos irregulares de pinos y robles en las colinas de California del tamaño de la manzana de una ciudad. Otros, como las grandes expansiones de píceas y abetos que revisten la mayor parte de Alaska y Canadá, cubren grandes áreas.

Hay más de 700 variedades de árboles nativas de los bosques de Norteamérica (sin incluir México). Aquí crecen los árboles más altos, añosos y grandes. Pero los bosques son más que sólo árboles. Son comunidades complejas que contienen una cantidad numerosa de plantas pequeñas, innumerables formas de vida microscópicas en el suelo y una amplia variedad de animales que caminan, se arrastran, trepan y vuelan entre los árboles.

Hay mucho espacio entre los enebros en el bosque abierto al pie de las montañas Rocallosas en Nuevo México.

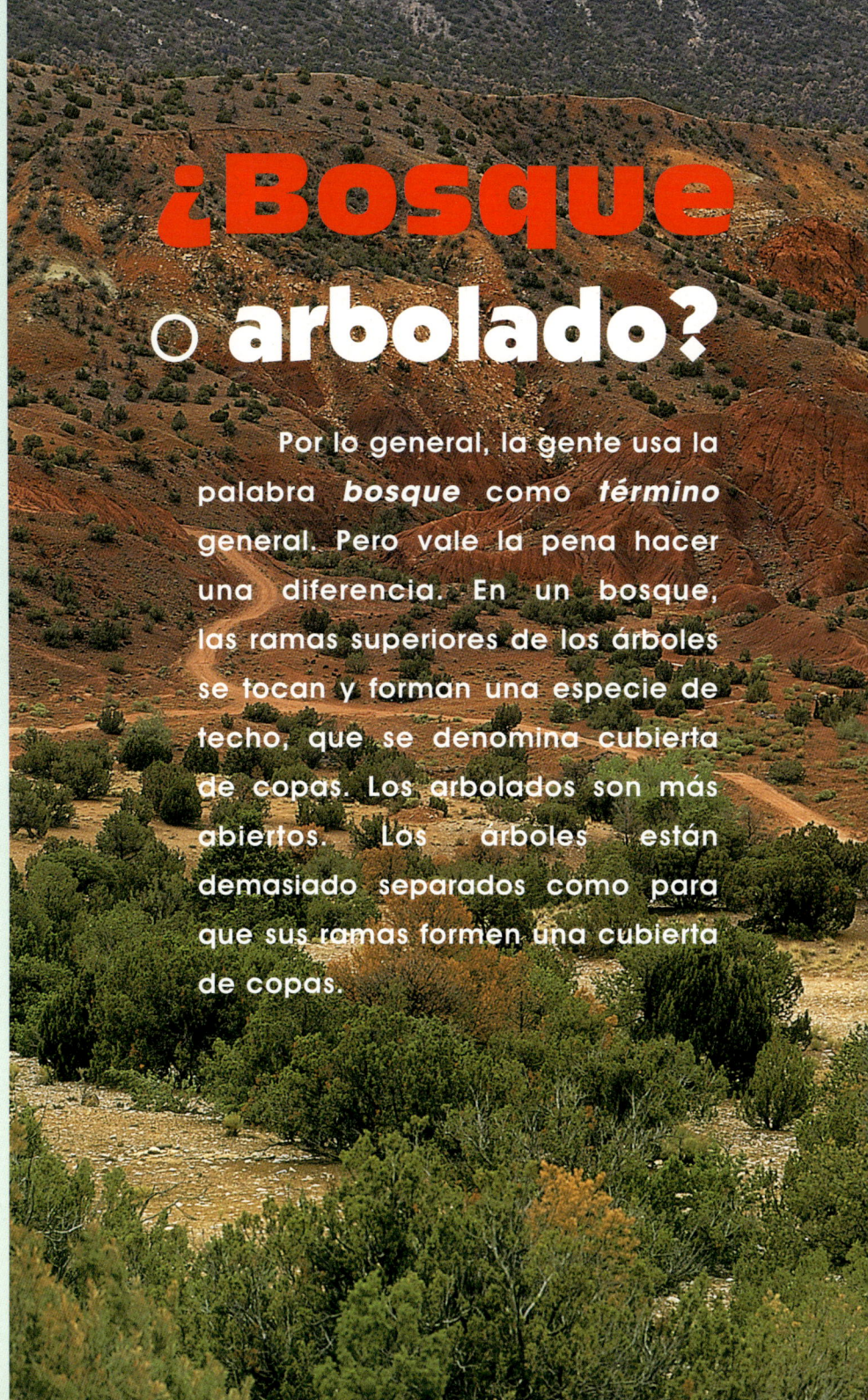

¿Bosque o arbolado?

Por lo general, la gente usa la palabra *bosque* como *término* general. Pero vale la pena hacer una diferencia. En un bosque, las ramas superiores de los árboles se tocan y forman una especie de techo, que se denomina cubierta de copas. Los arbolados son más abiertos. Los árboles están demasiado separados como para que sus ramas formen una cubierta de copas.

CAPÍTULO UNO
Conoce los árboles

Los arbustos son bajos y las ramas salen desde la raíz, mientras que los árboles son más altos y las ramas crecen desde más arriba.

Los árboles son las plantas más grandes de la naturaleza. Crecen sólo donde pueden absorber suficiente agua para mantener sus enormes cuerpos. Tanto los árboles como los arbustos tienen madera. Sin embargo, mientras que los arbustos tienen varios tallos que salen directamente de las raíces, los árboles tienen un solo tallo o tronco del que no salen ramas hasta que se aleja de la raíz. A medida que el árbol crece, el tronco se hace más grueso y duro, lo que permite que crezca más de 10 pies (3 m) de alto sin doblarse por su propio peso. Los arbustos son más bajos, cada tallo es tan delgado que si creciera más de la altura de una persona promedio, se caería.

El principal soporte de un árbol es su sistema de raíces. Las raíces cumplen dos roles importantes: anclar la planta para que no se caiga y absorber agua y nutrientes del suelo. El agua y los nutrientes suben por las raíces a través de pequeños tubos llamados xilemas en el tronco y las ramas del árbol hacia la fábrica de alimentos de la planta, las hojas. A diferencia de los animales que deben buscar y comer alimentos, los árboles y otras plantas fabrican el suyo. Las hojas absorben la luz del sol y, a través del proceso llamado fotosíntesis, producen glucosa, un tipo de azúcar que es la fuente básica de energía de cualquier ser viviente.

Algunos de los nutrientes que absorben las raíces son calcio, magnesio, nitrógeno, fósforo y potasio.

Las hojas de un árbol pueden decirte qué tipo de árbol es. Hay dos tipos principales de árboles: coníferas y caducifolios o de hoja ancha. La mayoría de las coníferas, como pinos, alerces, píceas, abetos de Douglas, abetos, cicutas y secoyas, tienen las hojas en forma de agujas verdes pequeñas. Pero hay tres tipos de coníferas (cedros, enebros y cipreses) que tienen hojas en forma de escamas. Los árboles de hoja ancha, como robles, arces, nogales, abedules, hayas, fresnos, álamos americanos, sauces y álamos, tienen hojas grandes y planas.

A los árboles coníferos se los llama coníferas, mientras que a los árboles de hoja ancha se los denomina de hoja caduca, debido a que su hoja no es perenne. Los árboles de hoja caduca tienen flores; estas

Los árboles de hoja ancha, como este cornejo del pacífico, tienen flores que producen semillas.

La mayoría de las coníferas tienen piñas y hojas en forma de aguja.

flores producen semillas que están dentro de frutas o nueces. Las semillas de una conífera, por el contrario, se encuentran en piñas que generalmente son duras, secas y escamosas (aunque las piñas de los enebros son suaves y redondas como las bayas).

Casi todas las coníferas son perennes, lo que significa que sus acículas permanecen en las ramas todo el invierno. La resina, una sustancia espesa que se encuentra en las acículas o escamas, evita que se congelen. Algunos árboles de hoja caduca también mantienen sus hojas todo el año. Pero se encuentran solamente en lugares con inviernos cálidos donde hay poco peligro de que las hojas se congelen.

Cuando estos árboles crecen en lugares donde el invierno es frío, sus hojas son caducas; las pierden a medida que se acerca el invierno y vuelven a crecer cada primavera. Estas hojas permanecen en las ramas todo el verano. Luego, cuando termina la temporada de crecimiento, se detiene la fotosíntesis, las hojas cambian de color y caen. A pesar de que la mayoría de los árboles de hoja caduca de los Estados Unidos son de hoja ancha, hay dos coníferas de hoja caduca: el alerce (también llamado alerce tamarack) en el norte y el ciprés calvo en el sur.

Las distintas especies necesitan distintos tipos de suelo. Por ejemplo, la mayoría de los pinos crecen en suelos arenosos en los que el agua drena rápidamente. Pero el aliso necesita un suelo menos arenoso y más fino que pueda mantener el agua por más tiempo. Otro factor importante que determina qué árboles viven en cada bosque es el clima, o las condiciones climáticas típicas del área. Las distintas especies que conviven en un bosque necesitan, a grandes rasgos, la misma temperatura, cantidad de precipitaciones (lluvia, nieve) y tipo de suelo para sobrevivir y desarrollarse. Otros factores que afectan a los bosques, como incendios, inundaciones, enfermedades y actividad humana, hacen que el crecimiento sea más fácil para algunos árboles y más difícil para otros.

Color del Otoño

Las hojas de muchos árboles tienen pigmentos amarillos. Pero la clorofila, el pigmento que hace que las plantas sean verdes, esconde los pigmentos amarillos en primavera y verano. En otoño, los días más cortos y las noches más frías detienen la producción de clorofila y el verde se desvanece. Comienzan a aparecer los pigmentos amarillos. Además, los cambios químicos en los azúcares de las hojas de algunos árboles de hoja caduca pueden producir pigmentos rojos. Le dan a los arces, robles y otras plantas esos colores intensos en otoño. Otras sustancias químicas de algunas hojas pueden mezclarse con la clorofila y producir colores púrpuras o azulados en otoño.

CAPÍTULO DOS

La gran ciudad de la naturaleza

La cubierta de copas del bosque está formada
por las ramas más altas de los árboles.

Si el mundo de la naturaleza fuera como el de los humanos, los bosques serían las ciudades y los árboles los edificios. Al igual que las ciudades, que tienen más tipos de gente que los pueblos, los bosques tienen más especies de seres vivos que los desiertos y las praderas. Los bosques protegen a los animales de los vientos del invierno y del sol del verano. La mayoría también les proporciona abundante comida y lugares para esconderse de sus enemigos.

Al igual que los edificios con todos sus pisos, la mayoría de los bosques tienen distintos niveles. Los niveles están formados por los árboles y las plantas más pequeñas o matorrales. El nivel más alto, la cubierta de copas, está formada por las ramas más altas que se balancean en el viento. Debajo de la cubierta de copas, puede haber un nivel de árboles más bajos llamados árboles secundarios. En su interior sombrío, muchos bosques tienen un nivel más bajo de arbustos y plántulas llamado sotobosque. Por debajo, las hierbas, los helechos y las flores silvestres por lo general cubren el suelo del bosque. Las hierbas son cortas porque no tienen madera que sostenga sus tallos. Las hojas y tallos blandos de las hierbas mueren cada año en el invierno, pero las raíces pueden sobrevivir y brotar en primavera. O puede brotar una nueva hierba de una semilla.

La organización de las plantas de un bosque en distintas capas se llama estratificación. Los bosques con canopeas densas tienden a tener pocas capas, porque la canopea tapa la luz del sol que necesitan las plantas más bajas para realizar la fotosíntesis. Esto sucede en muchos bosques de coníferas, porque las acículas permanecen en las ramas todo el año. Sólo las plantas que necesitan poca luz sobreviven. Sin embargo, en los bosques de coníferas y de hojas caducas antes de que crezcan las

Menos del uno por ciento de la luz que alcanza las copas de los árboles llega al suelo en algunos bosques.

Este bosque de árboles de hoja caduca de Nuevo Hampshire está bien estratificado.

hojas en primavera, la luz que pasa a través de las ramas permite el crecimiento de nuevas hierbas y otras plantas pequeñas. Estos bosques pueden tener una amplia variedad de tamaños y especies de árboles.

Al igual que las personas que viven unas arribas de otras en distintos pisos de los edificios, hay distintos animales que viven en diferentes niveles del bosque. Los búhos y halcones se posan en la cubierta de copas y miran a las sabrosas ardillas escabullirse en el suelo. Las ardillas grises se hacen festines con las bellotas y nueces caídas, pero duermen en los árboles, lejos de los zorros, lobos y pumas. Los puercoespines pasan casi todo su tiempo en los árboles, donde están seguros para masticar hojas y corteza. Los alces se esconden en el bosque, pero todas las mañanas y tardes van a las praderas a alimentarse. Las babosas dejan rastros viscosos en las plantas, mientras que las martas y las garduñas están al acecho de aves y roedores pequeños en los árboles y matorrales. Algunos animales, como el gran búho de cuernos y el venado de cola blanca, viven en distintos tipos de bosques en toda Norteamérica. Otros animales viven sólo en un tipo de bosque; por ejemplo, el alce vive principalmente en o cerca de bosques de coníferas como las píceas y abetos.

La babosa banana deja un rastro viscoso a medida que come los desechos del suelo del bosque.

Los árboles tapan la mayor parte del viento para este gran búho de cuernos, pero deja pasar suficiente viento como para despeinar las plumas de sus orejas.

Los puercoespines rara vez abandonan la seguridad de los árboles.

Las hojas, acículas, ramas, desechos animales y animales muertos se apilan en el suelo para formar una quinta capa formada por desechos. Los insectos, lombrices y babosas mordisquean los desechos y los desarman en pequeñas piezas. Los organismos semejantes a las plantas llamados hongos y los organismos unicelulares llamados bacterias comen los trocitos de desechos y liberan los nutrientes de las plantas y animales muertos. Los insectos, lombrices, bacterias, hongos y otros organismos que desintegran los desechos son los recicladores de la naturaleza. Sin estos organismos, los nutrientes no regresarían al suelo para ser absorbidos por las nuevas plantas y ayudarlas a crecer.

Los champiñones y otros hongos obtienen su energía de plantas en descomposición en lugar de realizar la fotosíntesis.

No hace falta ver a los animales del bosque para saber que están allí. Busca señales, como estos túneles de escarabajos por debajo de la corteza muerta.

Los desechos en el suelo se descomponen y proveen nutrientes para las plantas.

CAPÍTULO TRES

Tierra de coníferas: bosques del oeste

Los lados empinados de estas píceas de Engelmann y abetos subalpinos de las montañas Rocallosas de Colorado hacen que las toneladas de nieve que podrían quebrar sus ramas se deslicen fácilmente.

Los climas fríos, como los del Polo Norte y las montañas altas, tienen inviernos largos y temporadas de crecimiento cortas. Las coníferas de hoja perenne son más adecuadas para estos lugares fríos que la mayoría de los árboles de hoja caduca, porque apenas el sol de primavera es lo suficientemente fuerte para iniciar la fotosíntesis, las coníferas pueden comenzar a producir alimento enseguida; no tienen que perder tiempo y energía en producir hojas nuevas. Además, las coníferas por lo general pueden soportar condiciones de sequía mejor que los árboles de hoja caduca, porque sus hojas en forma de aguja tienen una cubierta cerosa y gruesa que evita que el agua se evapore. El tamaño pequeño y en forma de aguja de las hojas ayudan a limitar la evaporación. Por el contrario, el agua se evapora rápido de las hojas planas y anchas que tienen la mayoría de los árboles de hoja caduca.

Como las coníferas están tan bien equipadas para sobrevivir en lugares secos y fríos, exceden en número a los árboles de hoja caduca en el oeste de los Estados Unidos donde estas condiciones severas son comunes. La mayoría de los bosques del oeste están en montañas; y subir una montaña grande es una buena forma de ver cómo los cambios de clima afectan a un bosque. Mientras más alto, más frío. También hay más lluvia y nieve y la temporada de crecimiento se acorta.

Al subir un a pico de las montañas Rocallosas del sur de Colorado y Nuevo México, se pasará primero por arbolados de pinos piñoneros y enebros bajos. Los coníferos enanos en estas "selvas pigmeas" necesitan poca agua, pero también veranos cálidos y largos. A medida que aumenta la altura, las temporadas de crecimiento se hacen más cortas, caen más lluvias y nieve, y los arbolados secos de enebros y piñoneros permiten la formación de bosques de pino ponderosa y abeto de Douglas. Aún más alto, predominan la humedad y los bosques de píceas de Engelmann y abetos subalpinos. En otras cadenas montañosas ocurren cambios similares de clima y de tipo de bosques que crecen. Además de las coníferas, en muchas montañas

Los arbolados pigmeos de pinos piñoneros enanos crecen al pie de muchas montañas del oeste.

del oeste crecen árboles de hoja ancha como los arbustos de roble, álamos temblones y álamos americanos.

Si se escala lo suficiente, se cruzará la línea de árboles, que es donde termina el bosque. Más arriba de la línea de árboles, el invierno es muy duro incluso para que sobrevivan las píceas y abetos más resistentes. En algunas montañas del oeste, la línea de árboles es donde se encuentra el ser viviente más antiguo del mundo: el pino erizo. Algunos pinos erizo tienen más de 4,000 años.

En comparación con las montañas Rocallosas y otras áreas no costeras, la costa del Noroeste Pacífico de los Estados Unidos, desde la parte más norte de California al sureste de Alaska, es muy húmeda. El océano provoca lluvias en invierno y una niebla espesa durante la temporada seca de verano. La niebla cubre las plantas con rocío, que luego se desliza y humedece el suelo lleno de nutrientes. Además, la temporada de crecimiento del noroeste es larga y el clima es templado; los veranos no son demasiado calurosos ni los inviernos demasiado fríos. Este clima húmedo y templado mantiene las denominadas selvas tropicales templadas de pícea de Sitka, cicutas orientales, cedro rojo del oeste y abeto de Douglas. Al igual que sucede con los árboles en los climas cálidos de las selvas tropicales cerca del ecuador, muchos de estos árboles de selva tropical templada son gigantes, el diámetro del tronco llega a medir 6 pies (1.8 m) o más.

Hay bosques de esa extensión al sur, a lo largo de la costa norte de California. Es la tierra de las secoyas, el árbol más alto del mundo. Si una secoya grande estuviera acostada sobre un campo de fútbol americano con su base sobre una de las líneas de gol, sus ramas más altas tocarían la otra línea de gol a 300 pies (91 m). Como en las selvas tropicales templadas del norte, el clima en los bosques de secoyas altas de California es templado. Llueve con frecuencia en invierno y la niebla humedece el suelo durante los días secos de verano, y crea así condiciones de crecimiento perfectas para las coníferas gigantes como la secoya. Las secoyas pueden vivir 2,200 años o a veces más.

Muchos de los pinos erizo más viejos parecen estar secos.

Los vientos oceánicos húmedos llevan hasta 120 pulgadas (304.8 cm) de lluvia invernal a algunas partes de la costa del Noroeste Pacífico, lo que permite que los abetos de Douglas y otros árboles sean grandes.

Las secoyas pueden absorber humedad de las nubes bajas.

El aire húmedo del océano Pacífico sopla hacia el este y sube por las laderas del oeste de las montañas Cascade de Oregon, Washington y del norte de California. A medida que las nubes suben por la montaña, la temperatura del aire baja y se producen nevadas. Todos los años, estas áreas altas pueden llegar a tener 42 pies (12.8 m) de nieve. Las secoyas y los árboles de selvas tropicales templadas no sobreviven a mucha nieve, al frío intenso y a una temporada de crecimiento corta. En su lugar, árboles más resistentes como las píceas de Engelmann, los abetos subalpinos, los cedros de Alaska y las cicutas de montaña habitan en lo alto de las montañas Cascade.

Para cuando el aire del océano que sopla al este cruza la cima de las montañas Cascade y baja por las laderas del este, la mayor parte de su humedad ya se ha perdido. Esto hace que el clima del lado este de las Cascade sea más seco y se parezca más al de las cadenas montañosas más alejadas del océano, como las Rocallosas. En las laderas del este, los arbolados de enebros crecen en las elevaciones más bajas y los pinos ponderosos predominan en las alturas medias en la ladera de la montaña.

La zona central y del sur de California, entre las costa pacífica y las montañas Sierra Nevada, es accidentada. En los valles húmedos entre las colinas, robles y pinos bajos forman bosques con cubierta de

El diámetro de un tronco de secoya puede tener 20 pies (6.1 m) o más, son tan grandes que se solían hacer túneles que atravesaban algunos de estos árboles (recuadro).

copas cerrada. Pero en las colinas, el suelo es más seco, los árboles son más pequeños y están más separados, forman arbolados de cubierta de copas abierta. Donde el suelo es muy seco, los árboles están más separados y forman sabanas o praderas.

Las grandes montañas de Sierra Nevada, al este de las colinas de California, son el hogar de la más amplia variedad de coníferas de Norteamérica. Aquí crecen cicutas de montaña, enebros del oeste, pinos contorta, pino whitebark, pino cola de zorro, pino blanco del oeste, pino flexible, abeto rojo, abeto blanco, pino ponderosa, pino Jeffrey, cedro incienso, pino de azúcar, abeto de Douglas y secoya gigante. A pesar de que las secoyas son más altas, la altura y circunferencia de la secoya gigante hacen que sea el árbol más grande del mundo. Los troncos de las secoyas fácilmente pueden tener un diámetro de 20 pies (6.1 m), lo suficientemente grande para cortar túneles para los autos, como se solía hacer. Este árbol también es uno de los seres vivientes más antiguos. No es raro que las secoyas vivan por 2,000 años, algunas pueden vivir hasta 3,000 años.

CAPÍTULO CUATRO

Paraíso de árboles de hoja caduca: bosques del este

Los pinos blancos del este color verde oscuro resaltan entre los coloridos árboles de hoja ancha caduca en este bosque de Nuevo Hampshire.

A diferencia de los bosques principalmente de coníferas del oeste, los bosques del este de los Estados Unidos están repletos de árboles de hoja ancha. Esto se debe a que la mayoría de los árboles de hoja ancha necesitan un suelo rico en nutrientes y mucha lluvia durante la temporada de crecimiento y la mayor parte del este puede ofrecer ambas cosas. El aire húmedo de los Grandes Lagos, el Golfo de México y el océano Atlántico provocan lluvias frecuentes en verano, al contrario de los veranos secos en la mayor parte del oeste.

Sin embargo, algunas coníferas crecen en el este. Tanto las cicutas del este como el pino blanco del este, por ejemplo, a veces crecen entre los árboles de hoja caduca o en bosques o en grupos. Además, algunas especies de pino crecen en las costas del océano Atlántico y el Golfo de México, al igual que en la mayor parte del sureste, donde el suelo arenoso es seco a pesar de haber muchas precipitaciones. Los pinos de Georgia bajos dominan los bosques de pinos y cedros al sur de Nueva Inglaterra y los estados del Atlántico Medio, mientras que los pinos australes, pinos tea americanos y pinos taeda crecen en los climas cálidos y suelos arenosos más al sur. Además, los bosques de píceas y abetos cubren las crestas rocosas y con nieve de las montañas Apalaches desde Maine a Georgia, al igual que en las montañas Rocallosas y otras montañas al oeste.

Sin embargo, en la mayor parte del este de Norteamérica, los árboles de hoja ancha superan en número a las coníferas, pero las especies varían según el clima y el suelo. Los inviernos son largos y fríos apenas por debajo de las píceas y abetos de las montañas Apalaches y al sureste de Canadá, la mayor parte de Nueva York y el norte de Nueva Inglaterra, Michigan, Wisconsin y Minnesota. A pesar de que aquí crecen

El clima intenso del invierno impide el crecimiento de los abetos en la línea de árboles de las montañas Apalaches en Nuevo Hampshire.

Hay una buena cantidad de lluvia y nieve que alimenta los arroyos de Nueva Inglaterra y muchos árboles de hoja caduca, como arces, abedules y hayas, que los rodean.

varias coníferas, son más comunes los árboles de hoja ancha que pueden soportar el frío como el abedul amarillo, el arce azucarero y el haya americana.

Más al sur, los inviernos no son tan severos y la temporada de crecimiento dura, al menos, seis meses. Esta área, que cubre la mayor parte del este de los Estados Unidos es el hogar de muchos tipos de árboles de hoja ancha. En los lugares donde el suelo es húmedo y rico en nutrientes, los arces azucareros dominan junto con el haya americana o el basswood americano. Donde el suelo es más seco, crecen los robles y nogales, que necesitan menos agua.

En la mayor parte del este, la forma clásica de las hojas de arces (imagen superior izquierda) y la corteza gris y lisa del haya americana son un panorama común en suelos profundos y húmedos. Pero los nogales, con su follaje amarillo de otoño, y los robles, que se vuelven de un color rojizo amarronado en otoño, son más comunes en suelos más secos (foto a la derecha).

Bosque de árboles de hoja caduca en un valle del Parque Nacional de las Grandes Montañas Humeantes

Las montañas Apalaches del sur tiene la más amplia variedad de árboles en el este de Norteamérica. Estas montañas onduladas contienen casi todos los tipos de bosques que se pueden encontrar al este del río Mississippi. En las áreas cálidas con suelo arenoso y seco crecen bosques de pinos y robles. Los bosques de robles y nogales crecen en áreas donde el suelo es un poco más húmedo y con más nutrientes. En zonas con mayor humedad, hay hayas, arces y cicutas orientales. Los arces, hayas y abedules crecen en laderas más altas y frías, mientras que las píceas rojas y el abeto de Fraser dominan los picos más altos y fríos de las montañas Apalaches al sur.

Hay otro tipo de bosque al sur de los Apalaches, el bosque de árboles de hojas anchas del valle, que es único de este área. Los valles están protegidos y tienen un suelo húmedo y rico en nutrientes y árboles gigantes. Algunos álamos de valle llegan a los 150 pies (45.7 m) de alto. Es poco comparado con los árboles de hoja ancha de California, pero mucho en comparación con otros árboles del este. Hay muchos otros árboles de hoja ancha de tamaños récord que crecen en los valles, pero dos de ellos, la halesia carolina y la blanca basswood, también crecen en otros lugares.

En la parte sur del país, hay varias combinaciones de robles, nogales y pinos que forman la mayoría de los bosques. Pero en áreas donde el suelo es húmedo, aparecen otros árboles de hoja ancha del sur como el palosanto, magnolia y almeces. Como la temporada de crecimiento en las partes más cálidas del sur pueden durar hasta un año, algunos árboles caducifolios, como el roble de Virginia, son perennes: las hojas permanecen todo el invierno y la fotosíntesis se produce durante todo el año.

El extremo sur de Florida tiene el clima más tropical (más cálido y húmedo) de la zona este de Norteamérica. En algunas áreas, las palmeras reales y los árboles de hoja perenne con nombres exóticos (caoba, almácigo, higuera silvestre) crecen en bosques densos subtropicales como los que se encuentran en las islas del Caribe.

En el bosque subtropical del sur de Florida, una higuera silvestre rodeó y acabó con otro árbol mientras crecía.

CAPÍTULO CINCO

Otros bosques, altos y bajos

Para que un bosque sea un bosque pantanoso, debe haber agua en el suelo la mayor parte del tiempo, aunque el nivel puede subir y bajar un poco.

Es común que se utilice la palabra *bosque* para referirse a un ambiente lleno de plantas grandes, incluso si no es técnicamente un bosque. Por ejemplo, las áreas desérticas cubiertas de cactus cholla o saguaro se denominan comúnmente bosques de cactus. Mar adentro, lejos de la costa de California, las algas marrones gigantes, un tipo de alga marina de 100 pies de largo (30 m), crecen en grupos densos llamados bosques de algas. Pero no son verdaderos bosques. Los bosques tienen árboles.

A pesar de que los bosques de algas (izquierda) y los bosques de cactus (arriba) no tienen árboles, muchos de los animales que viven en estos ambientes pasan la mayor parte de su tiempo en un nivel, como en la mayoría de los bosques.

No se sabe por qué los cipreses calvos tienen tantos nudos. Es posible que sea para absorber oxígeno, porque el lodo en los pantanos donde crecen estos árboles tiene poco aire.

En las áreas donde la lluvia y la nieve derretida provocan desbordamientos de arroyos, se pueden desarrollar bosques inundables. A medida que baja, el agua deja un suelo húmedo y rico en nutrientes. Muchos de los árboles que crecen en boques inundables son distintos a los que crecen en áreas cercanas más secas y altas. Álamos americanos, sauces, fresnos, sicomoros, arces rojos, arces plateados, arces de Manitoba y ulmus crecen en zonas inundables del noreste. Algunas de estas especies o sus parientes también crecen en zonas inundables del sureste, junto con árboles del ámbar, tupelos, árboles de pecán y algunas especies de robles grandes a las que les gusta la humedad. Si el agua permanece durante mucho tiempo, estas zonas inundadas, donde crecen árboles como los cipreses calvos o cedros blancos, se convierten en bosques pantanosos.

Más al oeste, crecen pocos árboles en las llanuras secas entre las montañas Rocallosas y el río Mississippi. Sin embargo, en las orillas de los ríos y arroyos donde el suelo es húmedo, crecen bosques inundables angostos. Estas largas filas de árboles se llaman bosques en galería y predominan en ellos los álamos americanos, sauces y fresnos verdes. También hay bosques en galería en los desiertos del suroeste a lo largo de arroyos o riachuelos. Estos lechos están secos por lo general, pero las raíces largas de los mezquites, acacias y algunos árboles de álamos americanos llegan profundo y absorben la humedad muchos pies bajo tierra.

Al igual que los bosques en galería, los bosques y arbolados que rodean la costa oeste de los Estados Unidos son, por lo general, angostos. Este arbusto costero, como se lo denomina, es generalmente golpeado por vientos fuertes del Pacífico. Como resultado, las copas de los árboles son planas y permiten que las ráfagas pasen sin causar ningún daño. Las píceas de Sitka, por ejemplo, son anchas y altas en áreas no costeras, pero delgadas y bajas en la costa.

El bosque más grande de Norteamérica se extiende de este a oeste en el tercio superior del continente. Esta banda ancha de coníferas, de cientos de millas de ancho, es el gran bosque boreal, llamado así en honor a Bóreas, el dios griego del norte. Los árboles boreales (principalmente píceas blancas, píceas negras y abetos balsámicos junto con algunos árboles de hoja caduca como abedules, álamos y álamos temblones) pueden sobrevivir inviernos largos e intensos y nevadas fuertes. Durante el verano boreal corto, la nieve se derrite y empapa las raíces de los árboles con agua. Los bosques fríos y nevados con píceas de Engelmann y abetos subalpinos en la cima de las Rocallosas y otras montañas del oeste, son en realidad extensiones del bosque boreal, al igual que los bosques Apalaches del norte de píceas negras y abetos balsámicos y los bosques Apalaches del sur de píceas rojas y abetos de Fraser.

Puede ser difícil identificar un tipo de bosque en particular. Los diferentes tipos de bosques por lo general se unen, porque el clima y los suelos locales varían de forma irregular de lugar a lugar. Por ejemplo, un bosque en el que predomina el arce azucarero y el haya americana también puede tener un gran número de robles y nogales. Y lo que lo hace también desafiante es que los bosques también cambian con el tiempo.

Algunos árboles de hoja ancha que toleran el frío, como los álamos temblones y los abedules, comparten el bosque boreal con píceas y abetos.

CAPÍTULO SEIS

Con el paso del tiempo

Estos pinos ponderosa, debilitados por la sequía, se secaron más rápido por los escarabajos de corteza.

Los bosques, como todo en la naturaleza, cambian constantemente. Si los árboles quedan enterrados bajo un glaciar o dunas de arena o se ahogan cuando el agua retrocede a un dique de castores, esa parte del bosque puede desaparecer. La mayoría de los cambios llevan años. Pero las tormentas de viento, avalanchas y explosiones volcánicas suceden en un instante. *¡Zas!* El bosque queda nivelado. Un bosque destruido generalmente vuelve a crecer, pero puede tardar muchos años.

Hace alrededor de 70 millones de años, cuando los dinosaurios caminaban por la tierra y el clima era más cálido y húmedo, árboles grandes como las secoyas de California y las coníferas de selvas tropicales templadas cubrían la mayor parte de Norteamérica. Millones de años después, el clima se hizo más frío y la mayoría de los árboles grandes se secaron. Durante este periodo helado, las píceas y abetos del bosque boreal se

El agua que retrocede a un dique de castores (abajo a la izquierda), los glaciares bajando silenciosamente por la montaña (abajo) y las dunas de arena que avanzan (arriba) pueden enterrar a los árboles y terminar con los bosques.

En 1980, el volcán del monte Santa Helena hizo erupción, derribó y acabó con muchos árboles de la ladera. Veintitrés años más tarde, están creciendo nuevos árboles.

A medida que se descomponen los tocones y troncos y que el suelo comienza a formarse sobre ellos, las hierbas, arbustos e incluso árboles pueden crecen encima.

expandieron más al sur que en la actualidad. Las coníferas de clima frío existieron en lo que ahora son desiertos. Luego, hace aproximadamente 12,000 años, la tierra volvió a calentarse. Hoy, los bosques de píceas y abetos resistentes se encuentran solo en el Polo Norte y muy alto en las áreas de montaña, donde todavía hay climas húmedos y fríos.

Se producen cambios en los bosques año tras año. Cada primavera en un bosque caducifolio, antes de que crezcan las hojas y le den sombra al suelo, las hierbas surgen de las semillas y de las raíces que sobrevivieron al invierno. Las hojas de los arbustos, por el contrario, crecen antes de las de los árboles secundarios. Las últimas hojas son las de la cubierta de copas, aparecen después de que los niveles más bajos reciben suficiente luz para sus brotes. Por el contrario, en muchos bosques de coníferas, el suelo tiene sombra todo el año. Sólo cuando muere una planta perenne la luz pasa a través del espacio que queda en la cubierta de copas y permite que crezcan plantas que necesitan sol.

Los bosques también cambian cuando enfermedades e insectos matan los árboles. Por ejemplo, en el oeste, los escarabajos de la corteza cavan bajo la corteza de los pinos y otras coníferas. Las invasiones de escarabajos de corteza son más dañinas cuando los árboles ya se han visto afectados por una sequía u otros enemigos como el muérdago. El muérdago crece en las ramas de los árboles y le quita los nutrientes.

Los árboles caídos bloquean los arroyos y forman piletas en donde viven salmones y truchas. Caracoles, langostas, insectos y otros animales del arroyo comen la madera blanda y empapada.

Cuando el árbol muere, puede permanecer por docenas e incluso cientos de años. Pero el valor de un árbol para el bosque no termina cuando se seca. Un árbol muerto, denominado tocón, puede alimentar y proteger a millones de organismos durante años. Los escarabajos y termitas hacen túneles y se alimentan debajo de la corteza y se convierten en comida para los pájaros carpinteros. Los insectos cavadores y los hongos invaden el tocón y, eventualmente, ablandan la madera lo suficiente para que los pájaros y mamíferos pequeños puedan cavar y hacer sus casas.

Cuando un tocón finalmente se cae, sigue siendo importante para el bosque. A medida que se sigue desintegrando, más insectos, ciempiés, arañas, caracoles, babosas, topos, ratones y salamandras pueden comer o vivir en el tocón. La madera blanda también es una buena fuente de humedad y nutrientes para las hierbas, arbustos y hongos. En las selvas tropicales templadas del Noroeste Pacífico, los árboles grandes caídos son plataformas de crecimiento, llamados troncos niñeras, para los árboles jóvenes.

Todos los bosques cambian gradualmente. Pero a veces, los cambios son rápidos y drásticos como el fuego.

CAPÍTULO SIETE

Cuando los bosques arden

El fuego afectó aproximadamente un tercio del Parque Nacional Yellowstone en el verano de 1988.

Photo © Jim Peaco, Yellowstone National Park

Todos los veranos vemos imágenes aterradoras en las noticias de bosques que se queman en su mayoría. La gente descuidada provoca algunos de los incendios, pero la mayoría se debe a los rayos. El fuego quema entre 2 y 9 millones de acres (8,095 a 36,422 km²) de bosque cada año. La mayoría de los incendios, sin embargo, toman una superficie pequeña que se expande lentamente y quema sólo los desechos y matorrales en el suelo del bosque. Estos incendios chamuscan y marcan la corteza protectora de los árboles más viejos, pero rara vez los queman por completo. Los incendios en la superficie se han avivado durante siglos en los bosques de secoyas gigantes de Sierra Nevada, en los bosques de pinos de las montañas del sureste y oeste, en los bosques del este y en muchos otros bosques y arbolados de los Estados Unidos.

El fuego puede prevenir que ciertos árboles predominen en un bosque. Por ejemplo, los pinos necesitan luz solar para sobrevivir. Los robles, por el contrario, no necesitan tanta luz y pueden crecer incluso a la sombra debajo de los pinos. En un bosque de pinos y robles del este, los robles eventualmente serán más altos que los pinos y les taparán la luz. Entonces, los pinos se secan y los robles se apoderan del bosque lentamente. Pero en la mayoría de los bosques de pinos y robles, se producen incendios en la superficie cada 10 ó 20 años y detiene a los robles, los mantiene chicos, para que no puedan crecer tanto y tapar los pinos.

Si pasa demasiado tiempo y no hay un incendio en la superficie, los árboles del sotobosque se vuelven altos y se apilan los desechos. Entonces, cuando ocurre un incendio, la capa gruesa de desechos y matorrales sirve como escalera para las llamas que suben y alcanzan la cubierta de copas. Estos incendios en forma de corona constan de llamas que pueden acabar con todos los árboles grandes de un bosque.

Los incendios en la superficie queman sólo los desechos y plantas pequeñas en el suelo de los bosques.

Un incendio en la superficie marcó la corteza de un árbol, pero no dañó los árboles a medida que quemaba los matorrales de este bosque de pinos ponderosa en Oregón.

Los incendios, en especial los incendios en forma de corona, pueden ser aterradores. Pueden quemar edificios y atrapar a la gente entre las llamas. Además, pueden destruir árboles valiosos. A comienzos de siglo, el gobierno empezó a invertir mucho dinero para apagar todos los incendios forestales, incluso los de la superficie que mantuvieron a los bosques a salvo de los incendios forestales durante siglos. Fue un error grave, porque ahora, en muchos bosques, los árboles del sotobosque crecieron mucho y funcionan como combustible y escaleras para que los incendios hasta la cubierta de copas. Como resultado, ha aumentado la cantidad de incendios en forma de corona.

Un incendio de superficie trepa hasta la cubierta de copas.

Quince años después de los incendios devastadores en el Parque Nacional Yellowstone en 1988, los pinos contorta crecen entre los tocones que quedaron del incendio.

Además, como ha aumentado la cantidad de personas que viven en los bosques estadounidenses, los incendios son más peligrosos que antes. Una casa en el bosque está en riesgo de quemarse, en especial en los veranos secos y ventosos. Para reducir el riesgo de incendios arrasadores, los guardabosques realizan incendios intencionales, que se vigilan de cerca, para quemar los matorrales densos y los desechos. Pero remediar décadas de un cuidado incorrecto es un trabajo arduo que llevará varios años.

No es común que haya incendios en zonas húmedas como las selvas tropicales templadas del Noroeste Pacífico, los bosques subtropicales del sur de Florida y los bosques de pinos contorta en el Parque Nacional Yellowstone. Las fuertes nevadas de invierno y las tempestades de verano hacen que haya suficiente humedad para que los incendios sean pequeños y poco frecuentes. Como resultado, hay matorrales densos de píceas y abetos debajo de los pinos contorta.

Cuando el fuego quema un bosque, muchos animales, como estos bisontes, se van y luego regresan a alimentarse de las plantas nuevas cuando el fuego cesa.

El verano de 1988, sin embargo, fue inusualmente seco y ventoso en Yellowstone. Los incendios en la superficie se elevaron rápidamente y con facilidad hasta los árboles del sotobosque y la cubierta de copas. Los incendios en forma de corona grandes ocurren de manera natural en Yellowstone cada par de siglos. Luego, los pinos contorta crecen de nuevo rápidamente. En muchas partes del oeste estadounidense, los pinos contorta o álamos temblones son los primeros en aparecer después de que un incendio, tormenta de viento o avalancha acaba con un bosque.

Sin importar el tamaño del bosque, las llamas liberan nutrientes que están en las plantas. Una vez que el fuego se extingue, el suelo queda cubierto de una ceniza rica en nutrientes. La ceniza, junto con el sol que ahora alcanza el suelo, estimula el crecimiento de hierbas. Los ciervos, alces y otras criaturas vienen a alimentarse de las plantas abundantes que crecen luego de un incendio. Con el tiempo, las plántulas se asientan y el área vuelve a desarrollarse en un bosque para la próxima generación.

Algunas piñas de los pinos contorta se abren y sueltan sus semillas sólo cuando el fuego las calienta.

CAPÍTULO OCHO

Árboles añosos y jóvenes

*Cuando la mayoría de la gente dice "añoso",
se refieren a los bosques de árboles grandes
y antiguos del Noroeste Pacífico.*

Para comienzos del siglo XX, la mayoría de los árboles grandes y añosos de Norteamérica habían sido talados por su madera o para hacer espacio para las ciudades, granjas y fábricas. Sin embargo, aún quedan algunos. Cualquier bosque puede ser "añoso" si está maduro y tiene una cubierta de copas de varias capas, muchos árboles grandes, tocones y troncos derribados. Muchos bosques en todo el país tienen estas características, pero cuando la gente dice "añoso" se refieren, en su mayoría, a las selvas tropicales templadas del Noroeste Pacífico. Muchos árboles de selvas tropicales viven desde hace 350 a 750 años y algunos tienen más de 1,000 años. Cuando muere uno de estos árboles gigantes, pueden pasar 500 años antes de que se pudra.

Los bosques añosos tienen hábitats únicos y mantienen vida que no se encuentra en bosques jóvenes. Algunos animales no pueden sobrevivir sin un bosque añoso. Los hongos, musgos y otras plantas que se desarrollan sólo en bosques añosos son el alimento favorito de muchos animales. Los murciélagos y pájaros que cazan insectos en el aire encuentran más sencilla esta tarea en los espacios amplios entre los troncos de un bosque maduro. Hay una innumerable cantidad de criaturas que se resguardan en los tocones y troncos grandes caídos que sólo puede haber en un bosque que tiene cientos de años.

Todos deberían visitar un bosque añoso.

Los bosques antiguos también ayudan a las personas. Filtran y limpian el agua a medida que se escurre entre los desechos del bosque y hacia el suelo. Para muchas personas, estar en una selva tropical templada añosa es una experiencia inolvidable, como estar en una catedral grande y antigua con pilares gruesos recubiertos de corteza que sostienen un enorme techo verde.

Mucha de la madera que se recolecta en los Estados Unidos proviene de la tala rasa. En la tala rasa, todos los árboles se derriban y también se eliminan muchas otras plantas. Además, muchos animales que no corren o vuelan a tiempo no sobreviven si el árbol en el que viven es derribado. La tala rasa se realiza por lo general porque es más barata que la tala selectiva, o quitar ciertos árboles del bosque, y hace que el siguiente bosque sea más fácil de manejar.

Generalmente se plantan nuevos árboles luego de talar un bosque. Muchos de los boques nuevos del país se talaron, reforestaron y volvieron a talar. Debido a este proceso de reforestación y crecimiento, pocos países en el mundo tienen tanta tierra cubierta de árboles como los Estados Unidos. Sin embargo, muchas veces los bosques nuevos de los Estados Unidos no son bosques verdaderos, son una especie de "granjas". Al igual que una granja donde se planta sólo un tipo de semilla, un bosque reforestado tiene por lo general un tipo de árbol, el tipo que proporciona la mejor madera para la industria. Mucho antes de que haya árboles grandes, tocones, troncos caídos y árboles abundantes en el sotobosque como suele haber en un bosque añoso, estos bosques se talan, tan sólo 20 a 75 años después de haber sido plantados. Hoy en día quedan menos del 10 por ciento de los bosques añosos de los Estados Unidos. La mayoría se talaron para producir madera, papel, muebles, durmientes para vías férreas y otros productos útiles, y

En una tala rasa, se quitan todos los árboles.

Los aserraderos modernos usan maquinaria pesada para talar y mover los árboles.

Hileras derechas de árboles y tocones de árboles cortados significan que alguien plantó este bosque de pinos rojos en Wisconsin para producir madera.

para hacer espacio para las actividades humanas. Sin embargo, algunos bosques nuevos tienen varias especies de árboles y animales y, con el tiempo, pueden convertirse en bosques añosos como los que reemplazan.

La madera es un buen material para la construcción y fabricación, porque puede crecer una y otra vez en el mismo lugar. Como los estadounidenses usan mucha madera, mucho más que la gente de otros países industrializados, se utiliza una porción enorme de tierra cubierta de árboles para la producción de madera y papel. Podemos usar menos. Los materiales de construcción como el acero reciclado, tapia, fardos de paja y bloques hechos de materiales reciclados son sustitutos excelentes de la madera. Podemos usar pañuelos de tela y trozos de ropa en lugar de pañuelos y toallas de papel, pañales de tela en lugar de desechables y recortes de papel para notas, listas de compra y para pintar. Otra forma de salvar a los árboles es llevar tus propias bolsas de tela a la tienda, reciclar cartón y papel y comprar tarjetas, libros y revistas hechas de papel reciclado.

Hay que hacer un pequeño esfuerzo para salvar a los árboles. Si la cantidad suficiente de personas hace este esfuerzo, tendremos bosques antiguos y magníficos y los bosques nuevos tendrán la posibilidad de crecer también.

GLOSARIO

añoso bosque maduro con muchos árboles grandes, cubierta de copas de varias capas, tocones y troncos caídos

árbol (el) planta con un solo tallo de madera que sale de las raíces y que puede crecer más de 10 pies (3 m)

arbolado (el) área grande de tierra cubierta por árboles en la que la mayoría de los árboles están demasiado separados como para que sus ramas formen una cubierta de copas

árboles secundarios (los) nivel por debajo de la cubierta de copas del bosque que está formado por árboles más bajos

arbusto (el) planta baja con muchos tallos de madera que salen directamente de las raíces y sin un tronco definido

bacteria (la) organismos microscópicos unicelulares

bosque (el) área grande de tierra cubierta con árboles donde las ramas superiores forman una cubierta de copas

bosque boreal (el) un bosque grande en el Polo Norte donde predominan las coníferas

bosque en galería (el) bosque inundable angosto que crece en las orillas de los ríos y arroyos que fluyen por zonas áridas

bosque inundable (el) bosque que crece a lo largo de los ríos o arroyos que se desbordan y dejan un suelo húmedo y rico en nutrientes

bosque pantanoso (el) tipo de bosque que crece cuando el agua queda en una zona inundable por mucho tiempo

caducifolio con hojas anchas que, por lo general, se caen cada invierno y vuelven a crecer en primavera

clorofila (la) pigmento verde (sustancia coloreada) necesaria para que las plantas realicen la fotosíntesis

coníferas que tiene semillas en piñas y hojas en forma de pequeñas agujas o escamas, que por lo general, no se caen en el invierno

cubierta de copas (la) la capa más alta de un bosque, se forma cuando las ramas más altas de los árboles se tocan

desecho (el) hojas, hojas en forma de agujas, ramas, desechos animales y animales muertos que se apilan en el suelo del bosque

elevación (la) altura por encima del nivel del mar

estratificación del bosque (la) organización de las plantas del bosque en distintas capas

fotosíntesis (la) proceso por el cual las plantas usan la luz del sol para producir glucosa

glucosa (la) tipo de azúcar producida en la fotosíntesis que es la fuente básica de energía de cualquier ser viviente

hierba (la) planta pequeña con tallo blando y sin madera que muere al finalizar cada temporada de crecimiento

hongo (el) organismo semejante a las plantas que no realiza fotosíntesis y por lo tanto debe vivir de otras plantas o animales

incendio en forma de corona (el) incendio en el bosque que llega a la cubierta de copas

industrializado cuando un lugar tiene fábricas y máquinas

línea de árboles (la) lugar en una montaña donde termina el bosque ya que por encima de este punto los inviernos son muy severos como para que crezcan árboles

matorral (el) plantas que crecen por debajo de los árboles en un bosque

microscópico demasiado pequeño para ser visto sin un equipo especial como el microscopio

organismo (el) cualquier animal o planta viviente

perenne con hojas o acículas que permanecen verdes y no se caen en otoño en climas fríos

precipitación (la) lluvia, nieve, aguanieve y otras formas de humedad que caen del cielo

sabana (la) praderas con árboles o arbustos espaciados

selva tropical templada (la) bosque que crece donde el clima es húmedo y no demasiado frío y donde el suelo tiene muchos nutrientes; aquí crecen muchos árboles gigantes

sotobosque (el) nivel debajo de los árboles secundarios que está formado por arbustos y plántulas

tala rasa (la) se talan todos los árboles de un bosque

tala selectiva (la) se talan sólo algunos árboles y se los quita del bosque

tocón (el) árbol muerto que todavía está de pie

tronco (el) tallo principal de un árbol; crece de las raíces y se divide para formar ramas

tronco niñera (el) árboles grandes caídos que sirven como plataformas de crecimiento para árboles jóvenes

valle (el) un valle protegido en la parte sur de las montañas Apalaches con suelo húmedo y rico en nutrientes donde, por lo general, crecen árboles gigantes

xilema (el) tubo pequeño en el tronco de un árbol que lleva el agua y nutrientes del suelo hasta las ramas y hojas

ÍNDICE

NOTA: Los números de página en bastardillas indican imágenes.

abedules, 8, 24, 27, 31
abetos, 5, 8, 13, 17–21, 23, 27, 31, 33–34, 39
abetos de Douglas, 8, 17, 18, *19*, 21
abetos de Fraser, 27, 31
abetos subalpinos, *16*, 17, 20, 31
acacias, 30
agua, 43
álamos, 27, 31
álamos americanos, 8, 18, 30
álamos temblones, 8, 18, 31, 41
alerces (alerces tamaracks), 8, 9
aliso, 9
almeces, 27
arbolados, definición, 5
arbolados pigmeos, *17*
árboles caducifolios, 8–9, 11, *12*, 17, 22–27, 34
árboles coníferos, 8–9, 11, 16–21, 17, 23, 33, 34
árboles de hoja caduca, 8–9, 22–27
árboles de hoja caduca del sur, 27
árboles de pecán, 30
árboles del ámbar, 30
arbustos, *6*, 7, 34
arces, 8, 9, 24, *25*, 27, 30, 31
arces de Manitoba, 30

basswood, 24, 27
bosques, 5, 28–35
bosques añosos, 42–44
bosques boreales, 31, 33–34
bosques de algas, 29
bosques de arbusto costero, 31
bosques de cactus, 29
bosques de hoja caduca en valle, *26*, 27
bosques del este, 22–27, 37
bosques del oeste, 16–21
bosques en galería, 30
bosques inundables, 30
bosques nuevos, 44–45
bosques pantanosos, *28*, 30
bursera simaruba, 27

caobas, 27
capa de hierbas, 11, 34, 41
cedros, 8, 18, 20, 21, 30
champiñones, 15, 43
cicutas, 8, 18, 20, 21, 23, 27
cipreses, 8, 30
clima, 9, 17, 18, 20, 23, 27, 31, *32*
clorofila, 9
color de otoño, 9
coníferas caducifolias, 9
conservación de árboles, 45
cornejos del Pacífico, 8

desechos, 13, 15, *37*, 39, 43

enebros, *5*, 8, 17, 20, 21
enfermedad, *32*, 34
escaleras, 37, 38

fotosíntesis, 7, 9, 17, 27, 34
fresnos, 8, 30

glucosa, 7
gran bosque boreal, 31, 34

halesia carolina, 27
hayas, 8, 24, *25*, 27, 31
higueras silvestres, 27
hojas, 7–9, 8, 17, *25,* 34
hongos, 15, 35, 43

incendios forestales, 36–41
insectos, 13, 15, *32*, 34, 35

magnolias, 27
mezquites, 30
muérdago, 34

nivel de árboles secundarios, 11, 34
nivel de cubierta de copas, *10*, 11, 13, 34, 37, 38, 43

nivel de sotobosque, 11, 13, 37, 38, 39, 41, 44
niveles de estratificación, 11, *12*, *14*, 15
nogales, 8, 24, *25*, *27*, 31
nutrientes, 7, 15, 18, 23, 24, 27, 30, 35, 41

organismos, 15, 35

palmeras, 27
palmeras reales, 27
palosantos, 27
perennes, 8, 17, 27, 34
píceas, 5, 8, 13, 17, 18, 20, 23, 27, 31, 33–34, 39
píceas de Engelmann, *16*, 17, 20, 31
píceas de Sitka, 18, 31
píceas rojas, 27, 31
pinos, 8, 9, 17, 20, 21, *22*, 23, 27, *33*, 37, *38*, 39, 41
pinos erizo, 18
pinos tea americanos, 23

recolección de madera, 43–45
resina, 8
robles, 8, 9, 17, 20, 24, *25*, 27, 30, 31, 37

sabanas, 21
sauces, 8, 30
secoyas, 8, 18, 20, 21, 27, 33, 37
selvas tropicales templadas, 18, *19*, 20, 33, 35, 43
sicomoros, 30
sistema de raíces, 7

tala rasa, 43–44
tocones, 35, 43, 44
troncos, 7, 18, 21
troncos niñera, 35
tupelos, 30

ulmus, 30

vida silvestre, 13, *14*, 15, 35, *40*, 41, 43–44

xilema, 7